JN495844

개나리꽃

개나리꽃

초판 1쇄 인쇄일 2019년 03월 13일
초판 1쇄 발행일 2019년 04월 17일

지은이 최민자
펴낸이 양옥매
디자인 김희진
교　정 조준경
기　획 성봉수

펴낸곳 도서출판 책과나무
출판등록 제2012-000376
주소 서울특별시 마포구 방울내로 79 이노빌딩 302호
대표전화 02.372.1537　팩스 02.372.1538
이메일 booknamu2007@naver.com
홈페이지 www.booknamu.com
ISBN 979-11-5776-713-7(03800)

이 도서의 국립중앙도서관 출판시도서목록(CIP)은 서지정보유통지원 시스템 홈페이지(http://seoji.nl.go.kr)와 국가자료공동목록시스템 (http://www.nl.go.kr/kolisnet)에서 이용하실 수 있습니다.
(CIP제어번호 : CIP2019014242)

*저작권법에 의해 보호를 받는 저작물이므로 저자와 출판사의 동의 없이 내용의 일부를 인용하거나 발췌하는 것을 금합니다.
*파손된 책은 구입처에서 교환해 드립니다.

동심이 흐르는 치유 시집

개나리꽃

최민자 지음

책과나무

책을 내며 :

노란 은행잎 붉은 단풍

책갈피에 간직하며 가을을 좋아했던 나…

고향이 그리워

친구가 그리워

새들이 좋아

꽃이 좋아

오늘이 가면 내일은 어쩌나…

동심이 흐르는 짧고 평범한 시

내 마음 한구석에 자리 잡은 나만의 추억을 불렀다.

최 민 자

목차

셋. 순리대로_ 관조

넷. 개나리꽃_ 희망

하나. 고향집 그리움

…

밤나무 향나무 은행나무도
아궁이 무쇠솥만
덩그러니 걸려 있고
돌절구 옛 임을 기다리네.

겨울밤

차가운 바람이 문풍지를 흔드는 밤.
화롯불에 고구마를 묻고
콩나물시루에 물을 주었다
스르르 떨어지는 물방울 조르르…
노란 콩나물은 쑥쑥 자라고
다람쥐 쳇바퀴 돌다
잠든 밤
따끈한 고구마 알싸한 동치미가
그리운 겨울밤이여

고무줄놀이

늘렸다 오므렸다
줄줄 늘어나는 고무줄
유년의 고무줄놀이
올렸다 내렸다
배꼽까지 올렸다
어깨까지 올렸다
고무줄놀이 깔깔
누가 누가 높이 뛰나
뛰며 구르며 깔깔
웃다 보면 배꼽시계가
울려요

고향길

구불구불 차령 고개
구불구불 고개 넘어
정안천 따라, 정안천 따라,
친정집 나들이
이제는 천지개벽 거미줄처럼
복잡한 길
어려워도 찾아가는 고향길
엄마 아빠처럼
반겨 주는 고향길

고향집

고향집에 와서
마루에 앉았다.

어머니 아버지 앉았던
그 마루에…

아버지 어머니 숨소리가 들리는 듯
아버지 문패도
할아버지 문패도

밤나무 향나무 은행나무도
아궁이 무쇠솥만
덩그러니 걸려 있고
돌절구 옛 임을 기다리네.

그놈 잘생겼다

눈 내리는 날
초가지붕 처마 밑에서
고드름을 따 먹었다.

어릴 때 생각이
눈송이처럼 피어오른다.

눈덩이 굴려 눈사람 만들고
솔잎 땋아 머리 만들고
눈썹은 숯덩이로 그려 놓고
손에는 벙어리장갑

의젓하게 서 있는 눈사람
어른들이 웃으시며 하시던 말씀,
그놈 차암 잘생겼다

그리움

앞뜰엔 작약 새싹들이 자라고
뒷동산 밤나무 감나무 은행나무 동산 이루고
곳곳에 목련꽃 활짝 피는 곳

어머니 발자국 소리 들리네.
어머니 보고파지면 거울을 보네
어머니 닮아 가는 내 모습

어머니 생각과
아름다운 기억들을 꺼내 보며
시월엔 고사떡
가을엔 쫄깃쫄깃 인절미
여름엔 호박 감자 수제비 뚝딱
설날 길게 늘어선 세배 손님들
우리 집은 잔칫집

사랑채 손님 떨어질 날 없던 우리 집

닭장엔 꼬꼬댁 암탉 울고
빨갛게 익어 가는 홍시 소쿠리에 가득
뒷마당엔 알밤이 알알이 익어 갔네

나 어렸을 때

사금파리 조각 주워 소꿉놀이하던 아이
감꽃 목걸이 만들어 걸고 좋아하던 아이
행운의 네 잎 클로버 잎 찾던 아이
클로버 꽃반지 좋아하던 아이
말리는 곶감 따 먹고 시침 뗀 아이
엄마표 식혜 한 사발 퍼먹던 아이
엄마 반지 몰래 끼어 본 아이
학교 놀이 좋아해 선생님 된다던 아이
선생님 되어 사십 년 가까이 꼬마대장 했다네.

내 고향 공주 정안

전주 최씨가 모여 사는
구억말과 강성기미*
촌수 높은 대부 대모라 할
분들이 많이 사셨다

원씨가 모여 살았다는 보물리
옛날엔 황새가 많이 살았다
지금은 골프장과 시원한 길이
사방으로 나고…

정안면 소재지를 지나
산속으로 들어가면
소랭이란 마을이 있다
밤나무가 많고 공기가 좋아
관광객이 모여드는 곳
마곡사가 가깝다

전주 이씨가 많이 살았던

석송이란 마을
공장들이 많이 눈에 띈다

살고 싶은 도시로 이름이 나 있는
교육도시 공주
내 고향 정안

* 강성기미 : 공주시 정안면 장원리 일원에 있는 자연 마을 이름. 인근에, 신석기~조선 시대에 이어지는 '장원리 유적지'가 있다.

두레박

사랑방 앞마당엔
깊은 우물이 있었지

우물가엔 채송화 봉숭아
꽃도 피었지

저녁때면 마을 아주머니들
물동이 이고 모였지

두레박은
물 길어 올리기 바빴지

내려갔다 올라왔다
길어 올린 물 시원했지

물동이에 가득 부어 이고 가는 아주머니

하루 이틀 연습해서 된 일이 아니지

아저씨들은 물지게를 지고
여인들은 물동이를 이고 갔지

우물은 깊었고
아저씨 아주머니 정도
깊어만 갔지

서로 아끼며
알뜰살뜰 사신 조상님들
정도 깊었지

우물 길어 올리기 수백 년
두레박도 우물도 물동이도
이제는 아득한 옛말이 되었지

봄 햇살

만인의 축복 속에 태어난 봄 햇살
반들반들 오석으로 단장한 시비

웅진 금강 정기 받아 청잣빛 하늘도
살랑바람도 너와 친구가 되었지

노란 산수유 수줍게 웃던 날
박수를 받으며 공주 시민 공원에

우뚝 선 봄 햇살
천년만년 빛나리

별을 보며

셀 수 없이 반짝이는 별을 보며
여름을 맞고

별을 보며 별 하나 나 하나
노래를 부르고

별을 보며
봉숭아 물들이던 열 손가락

별을 보며 저 별은 엄마 별 아빠 별
노래 부르고

별을 보며 소꿉친구들 만나고
별을 보며 스르르 잠들던 여름밤

별을 보며 사랑을 나누리

산성공원에 올라

공원의 나무는 금강을 보며 쑥쑥 자라고
금강은 공원의 신선한 공기를 마시며 맑은 물을 만든다

공원과 금강, 바늘과 실 같은 존재
물과 바람이 어울려 사랑을 속삭이며
수백 년 이어 가는 금강과 공주 산성공원
하얀 백사장 위에 황새 한 마리 짝을 찾아 너울춤을 춘다

곰나루에서 노 젓는 소년의 런닝구*는 등걸만 남았다
여인들은 깨가 쏟아지도록 둑길을 걷는다

따뜻한 봄날 벚꽃 휘어잡고 사진 찍던
소녀들 머리엔 하얀 벚꽃이 활짝 피었다
부중** 다닌다며 으스대던 친구들이 보고 싶다

* 런닝구 : 러닝셔츠
** 부중 : 공주 사범대학 부속 중학교

성묘

추석이 며칠 남지 않았다
이번 추석은 참석 못 할 것 같다
추석 전후 병원에서 검사에 들어간다
손자와 함께 산소에 꼭 가려 했는데…
조상 산소 가까이에 개심사와
고풍저수지 수덕사 덕산 온천이 있어
성묘 후 다녀오던 곳인데…

유리알처럼 맑은 하늘 아래
산소가 있어 형제 사촌 간에도
잘 모이고 우애도 돈독했는데
이번 추석은 아쉽다

따가운 햇살
윙윙거리는 벌

빙빙 도는 고추잠자리

멀리 나는 황새들

산밤은 입을 벌리고

어디선가 날아온 까치 한 마리…

시골 여름밤

분꽃 냄새 자욱한 저녁
어머니는 자배기에
보리쌀을 쓱쓱 문지르고
언니는 호박잎을 다듬는다

우리는 옥수수를 먹으며
사르르 떨어지는 별들을 세었지
반딧불이 번쩍일 때 손을 내밀었지
잡힐 듯 잡히지 않는 반딧불…

빨간 봉선화 꽃잎 아주까리 잎에 싸서
열 손가락에 물을 들였지…
오래된 기억들이 솔솔 떠오르는 여름밤

시집가던 날

첫눈이 펑펑 내리는 날 시집을 왔다
버선발이 꽁꽁 언 난 오줌을 쌀 뻔했다
큰상 받고서야 발이 녹았다

새댁이 많이도 먹었다
시고모님이 예쁘다고 쳐다보셨다
안방 건넌방 구들장이 단내 나도록 펄펄 끓었다
조카들이 졸졸 따랐다
첫눈, 나에겐 설렘이었다.

사랑하면 함박눈이 쌓인다고 하더라
함박눈이 좋아 뛰쳐나가는 난 아직도 열아홉이다

작은아버지가 후행으로 따라오셨다
기분 좋아하셨다
양반집이라고

아카시아 향

갈래머리 소녀는
월락산에 올랐다.

만발한 아카시아 잎을 따
소원을 빌며
가위, 바위, 보 놀이를 했다.
한 잎, 두 잎, 따다 보면
가느다란 줄기만 남는다.

떨어진 나뭇잎을 보고
깔깔 웃기도 하고
소월의 시도 외우며
놀다 보면 수업 시간이 되었다.
눈감아 주던 스승님
생각이 난다.

아카시아 꽃 하얗게 흩날리던
오월의 행복이 그립다.

알밤

고향에서 보내온 택배 속에서
가을 향기가 풍긴다
토실한 알밤을 보내실 때는
딸을 그리며 가을 향기도
보내 주신다
고향 뒷산의 밤 향기가
어머니 말씀 되어 나를 달랜다

엄마

엄마의 힘든 세월
눈에 보여요

명절 돌아오면
예쁜 치마저고리
지어 주신 엄마

칠십 중반에 접어든
지금도 엄마의 따스한
손길이 보여요

여름밤

여름밤 모닥불 피워 놓고
윙윙거리는 모기도 잡고
수많은 별을 세었다.

별 하나 나 하나, 별 둘 나 둘, 별 셋 나 셋,
저 별은 나의 별 저 별은 너희 별 노래도 불렀다

앞 논에선 개구리 울고
풀벌레 소리도 가슴을 설레게 했다

평상에 앉아 개구리참외 복숭아도 먹고
열 손가락 봉선화 물들이던 추억들…

그 시절로 돌아갈 순 없어도
돌아볼 수 있는 나의 놀이터엔
채송화가 노랗게 피었고

돌절구엔 물이 가득 흰 구름이 떠가네

아궁이엔 무쇠솥만 덩그러니 걸려 있네

6 · 25 사변

내가 아홉 살에
6 · 25 사변이 일어났다

우리 가족은 은악골
외가로 피난을 갔다

난 피난이 놀러 가는
소풍인 줄 알고 좋아했다

피난살이는 모기가 물고
밥도 제대로 못 먹고
온몸에 땀띠가 나
몸이 가렵고 힘든 생활이었다.

비행기에서 불덩어리 같은 것이
꽝 떨어지면 논이 변해

연못이 되었다.

피난 갔다 집에 돌아오니
장롱 속에 들어 있던 이불을 다 꺼내다
마당에 버리고 태우기도 했다.

어르신 사진을 마당에 던져
산산조각이 나 이리저리 뒹굴고 있었다.

소 잡아먹고 뒤처리 안 해
뒷마루가 썩고 여기저기
냄새가 진동했다

그때는 학교도 못 가고 마을 회관에서
멍석 깔고 국어, 산수, 공부만 했다

음악, 미술, 체육, 공부한 기억이 없다.
예능 공부 못하고

뛰어놀지 못한 것이 아쉽다

족보 이고 피난 가시던 어머니가 보고 싶고
은악골 외할머니가 그리워진다

조기

노릇노릇 알배기 조기
다섯 마리 할아버지 진짓상에 올렸다

손자들은 할아버지 진짓상이
나오길 기다리고…

하얀 접시엔 조기가 세 마리 남아 있다
손자들 입가에 웃음이 돈다

할아버지께 올린 조기는
손자들 차지가 되었다

어머니는 할아버지 진짓상에 올려 드리고
할아버지는 손자 사랑에
남기셨다

옛날엔 그랬지

저녁연기

눈이 펑펑 내리는 저녁
가마솥 가득 물을 붓고
생솔 가지로 아궁이에 군불을 지핀다

아궁이마다 검은 연기가 솔솔 나와
순희는 눈물을 흘리며
부지깽이로 생솔가지를 밀어 넣는다

가마솥 물은 펄펄 끓고
아랫목 뜨신 맛에
할머니는 깊은 잠에
코를 드르렁 고시고

화롯불에 알밤 굽는 냄새가
방 안 가득 고소하다

뒷산에선 토끼몰이가 한창이고

꿩을 찾아 개구쟁이들 온 산을 헤맨다

젖은 나목 가지엔 눈물이 흐르고
땅속에선 기지개 켜는 소리가 들린다

풀빵

우리 아파트에는 언제부터인가
풀빵을 팔러 오는 아저씨가 있다.
파란 앞치마가 잘 어울리는 아저씨

까만 놋쇠에 가스불로
풀빵을 구워 내는 아저씨 모습도 좋거니와
동네 아주머니들이 정겹게 이야기를 나누며
갓 구워 낸 풀빵을 먹는 모습도 좋아 보인다

햄버거. 돈가스. 고급 빵에 입맛 들여진 아이들도
줄 서서 기다린다
갓 구워 낸 풀빵을 호호 불어 가며 먹는
아이들도 보기 좋다

어른들의 풀빵 속에는
어린 시절의 아릿한 추억이 담겨 있다

할머니

아련히 떠오르는 할머니 얼굴
하얀 버선 마고자가
잘 어울리는 할머니

사랑채 안채 행랑채 오가며
살피시던 할머니가 보고 싶다

지금도 옛집에 가면
할아버지 할머니 아버지 어머니 사진이
나란히 걸려 있다

사랑채에는 할아버지 아버지 문패도
그대로 보존되어 있다

사랑채 마당에는 할아버지 공덕비까지 세워져 있어
오가는 이들의 발길을 멈추는 곳이다

옛집에 가면 할머니가 보고 싶다

홍시

꼭대기에 매달려 있는
감 하나 오가는 사람들의
시선을 잡는다

까치밥이 될
경각에 있음을 아는지 모르는지
붉은 자태가 아름답다

무성했던 잎 떨쳐 버리고
쓸쓸히 매달린 홍시
무얼 생각할까?

황혼에 접어든 노년의
모습을 보는 것 같다

유년 시절 앞뜰 뒤뜰에도

감나무들이 나와 함께 자랐다

붉게 익어 가는 감
10월 11월 집집이
광주리에 가득

까치. 청설모. 다람쥐. 날짐승
먹이로 남겨 둔
높은 곳에 매달린 감들

잘생긴 감들은 골라
차곡차곡 놓은 다음
감잎과 볏짚으로 덮어 놓으면
말랑말랑한 홍시가 되어
어르신들 간식으로 내어드리지

고욤나무에 정 붙여진 감나무

옛적 여인들의 정서와도 닮았다

감나무는 수명이 길고
잎이 여름에 그늘이 되어 주고
벌레가 생기지 않으며
새가 둥지를 틀지 않는다지

가을엔 열매와
함께 아름다운 단풍이
정감을 주고…
할 일 다 한 다음
거름으로 쓰이는
낙엽

붉게 매달린 홍시들을
올려다보며 어릴 적
고향을 그린다

살다 보면

살다 보면 고집 센 사람도 만나게 된다.

그는 남에게 상처를 주고 분위기도 흐려 놓는다.

그런 사람 옆에 있으면 조심해도

황당한 일을 당할 수도 있다.

그는 상처를 받고서야

독선이 아닌 성숙된

인간으로 태어난다.

인간은 인간끼리 부딪칠 때

완전한 인간으로 살아 갈수 있다.

둘. 어른도 운다

갈등

…

견딜 수 없는 통증
참아 낸 눈물이 뚝뚝 떨어진다
어른도 운다. 아프니까
입원실 안은 조용하다

커튼 사이로 현란한 불빛이 비친다
통증이 거짓말처럼 사라지는 날을 기다린다

거울 앞에 서면

일어나면 먼저 가는 곳이 화장실이다
거울 보며 헝클어진 머리를 빗는다
거울 앞에선 나의 모습
내가 아닌 다른 사람 같다

날이 갈수록 삐죽삐죽 나오는 흰머리
주름살은 쪼글쪼글
가슴은 뼈만 아른거리고
키는 작아지고…

굽어 가는 허리 부스스한 얼굴
거울은 보고 또 보고
다시 안 볼 사람이라도
흐트러진 모습을 기억에
남기고 싶지 않은데…

당당해 보려고 하지만
점점 작아만 보인다

나는 몰랐지

양지바른
화단에 고양이 두 마리가
졸고 있다.

야옹야옹
나비야 나비야
불러도 움직이질
않는다.

핸드폰을 눌렀다.
깜짝 놀란 고양이가
달아났다.

고양이 배 속에
새끼 고양이가 들었대요.
나는 몰랐지

고욤

가지가 휘어지도록 주렁주렁 매달린 고욤나무
바람 불까 하늘을 본다
눈 내린 가지에 쪼그라진 고욤들이 매달려 있다

고욤들이 항아리에 담겨 달콤한 맛을 내니 군침이 돈다
벽장 속을 들락거리며 떠먹던 고욤 항아리

세월 따라 온데간데없고
홍시만 냉동고에 가득하네

국화 향기

국화 향기 짙어 가는
가을 하늘
이슬이 차다.

봄여름 잘 건너온
국화 줄기가 부러졌다.
장대비 때문이야

할머니는 국화 술을 담갔다.
푹 익어 가는 국화 술
솔솔 나는 국화 향기

찬 이슬 내리는 가을은
깊어만 간다.

귀뚜라미

울어라 귀뚜라미야
밤새 울어라

광 속에서도 울고
시렁에서도 울어라
구성지게 울어 대는 귀뚜라미

싱크대 밑에서도
세탁기 밑에서도 울어 대는
귀뚜라미

깊어 가는 가을밤 맹꽁이도
덩달아 울어 댄다.

기다림

새벽잠 설치며
찾아가는 곳

빙빙 돌아가는 회전문
들고 날 때마다
긴장의 연속

천당과 지옥의 그림자
어른거리는 응급실

중환자실 서성이는
시간의 연속

견디고 견디며 살아가는 삶
기다림의 연속

슬픈 마음 달래며 씩씩하게
살아가는 삶

기도

아침 눈 뜨게 하시고
일할 수 있게 힘주시고
화요일 기도모임 허락하시고
참 좋으신 아버지 하나님
수지 방주교회 좋은 권사님들 만날 수 있게 하시고
늘 평안과 즐거움을 주시는 아버지 하나님.
뜨거운 믿음으로 권사님들과
많이 사랑하고
많이 기도할 수 있게 건강 주세요.

길

앞만 보고 달려온 길
인생 칠십 고갯길
힘들어 힘들어

봄꽃 따라가는 길
가을 단풍 따라가는 길
오는 길 잡아 볼까
가는 길 잡아 볼까

까치가 웃을 일이다

새벽 4시 배달된 신문은
나와 오랜 친구다.

오랜만에 찾아온 폭염
너도나도 죽겠다고

참아야 한다고

사흘 전엔 안방 온도가 34도까지
올라갔다.

안 그래도 힘든데
밤에도 울어 대는 매미
무슨 상을 줄까 고민되네.

아침저녁엔 참매미가 운다고…

낮엔 말매미가 운다고…

번갈아 가며 울어 대는 매미들
합창은 주 52시간에 관계없다고…

도시 온도를 낮추려는 노력이 필요하다고
까치가 웃을 일이다.

낙엽 지는 소리

잎이 떨어지네,
잎이 지는 소리 바슬바슬 들려오네,

가을을 이별하며 굴러가는
스산한 바람 소리
가슴을 저미네,

빨갛게 타오르는 정열로
낙엽 되어 떨어져 가네,

하얀 겨울을
기다리네,

내일은 모른다

살다 보니 세월은 길고도 짧다
세월은 바람 따라 흘러갔다
팔십이 내일 빨리 지나갔다

걸어온 발자욱은 안개처럼 떠났다
병마와 살아온 날들만
살아 있다고 소리친다

내일은 모른다.

달이 안 보여

눈 뜨면 바라보던
산이 안 보여

붉은 노을도
떠오르는 달도 안 보여

하늘 높은 줄 모르고 솟아오른
아파트 너 때문이야

네가 산이고 달이야
네가 꽃이고 바람이야

바람아 불어라
까치야 날아라.

오랜 세월 바라보던
광교산에 올라 떠가는 구름과
비행기를 보며 동경하던 그때가 그립다.

쉴 새 없이 가는 세월 마지막 수필 쓰며

살아 볼까?

대추

가을 햇살에 대추가 빨갛게
익어 간다

안개가 걷히고 나니 파란 잎이
반질반질 참기름 바른 듯 빛난다

추석이 얼마 남지 않았다

주렁주렁 매달린 대추
강풍이 불면 어쩌나…

대추차 한 잔

목덜미와 등에서도
땀이 줄줄 흐른다

밤새 말라 버린 입술을
대추차 한 잔으로 달랜다

온몸이 끈적끈적하다
꿀꺽꿀꺽 넘어간 차 한 잔

어느새 땀은 달아나고
정신이 번쩍 든다.

떠나다오

폭염 속에 너와 놀자니
짜증이 나네

네가 싫어하는
'젤로다 정'*을 먹어 봐

누가 이기나 해보자
눈 하나 깜짝하나 봐

세상 호락호락하게
보지 말고 떠나다오

끝없는 산 넘어 산
이것이 삶의 길이라면
받아들여야지

* 젤로다 정 : 먹는 항암약

마음에서 멀어지면

부모님도 언니들도 떠나셨다

자식도 제 가정 지키느라
점점 멀어지고

부모도 자식도 자주 보아야
정이 오가지

죽자 살자 한 인연도
멀어지고

잠깐 왔다 가는 인생
눈에서 멀어지면
마음에서도 멀어진다

세월이 흐르면서

잊히지 않는 것은

가 버린 날들의
아름다움이 아닌가…

백일홍 꽃

폭우로 백일홍 꽃이
밥알처럼 떨어졌다

땅에 떨어진 붉은 꽃잎들
습기를 머금고 노란 자동차 바퀴
따라 떠난다

장대비를 잘 견디어 낸
백일홍 꽃 생기를 품어 내며
의젓하게 자리를 지키고…

백일홍 꽃 송이송이 맺힌
물방울 바람 따라 다가올
가을을 기다리겠지
보고 또 보고…

부르면 가야지

떠나기 전 한마디 남기고 싶어
오늘도 책상에 앉았다

누군가
단풍의 절정은 짧고
낙엽의 낙하는 길다고 했다

내 삶은 짧지만
소중한 순간들이었으면 한다

나이 들면
신체의 모든 장기가 고장 나기 마련
어쩔 수 없다고 한다

암이란 한마디

슬프고, 괴롭고, 아프다.

고사목 같은 삶에도
아직 할 일이 있어 다행이다

부르면 가야지.

생각은 자유니까

수필은 읽지 않는다는
친구와 차를 마셨다

수필가가 만 명이
넘는다는 것을 아시는지요

21세기는 수필 시대라는
말을 들어 봐야 하는데…

수필을 읽지 않는다는 친구
그럴 수도 있겠구나
생각은 자유니까

손톱

손톱 발톱이 번갈아 가며
갈라진다.

따비 밭 고단하던
울 엄마 손 쟁기도 아닌데
갈라지고 색깔도 변하는 것이
암이란 놈이
무섭긴 한가 보다

어릴 적 손, 발톱 깎아 주시던
어머니가 보시면 소스라칠 일인데.
비워도 모자랄 내가
우리 애들 볼세라
자꾸 주먹을 쥔다.

아무도 모른다

어젯밤 슈퍼문 블루문 블러드문을
함께한 보름달님께
두 손 모아 빌었다는
지인께 감사드린다

수년간 병원에서 시키는 대로
살아왔건만…

정신은 멀쩡한데
날벼락이 떨어졌다

골동품은 오래된 것을
선호하지만
불청객은 오래되면
떠날 수밖에 없으니 어쩌나

누군가 도망치는 것이

살길이라고 했던 말말들
당해 보지 않은 사람이 할 말은 아닌 듯하다.

나만이 안고 가야 할 길을
가족 간에도 어려움 주지 말고
살다 여행 가야지 하는데…

입원하자고
수술해야 산다고
잘 먹어야 한다고
눈 감고 몇 시간 자라고…
입이 바싹바싹 타들어 가는 긴 시간들
말이 쉽지 아무도 모른다.

암이란

세 사람 중 한 사람은 암으로 죽는다고 한다

암은 겉모양이 단단하고 신체의 어느 부위나
달라붙기 때문에 암이란 이름이 붙여졌다고 한다

암은 한 개의 세포가 미쳐서 생긴 병
하나의 세포는 무엇일까?
무엇이 우리를 미치게 했는지

암의 근본 원인은 사랑의 결핍
암은 여생을 따라다니는 시한폭탄
암은 앞으로도 계속 생길 것이고
오래 살수록 암 발생률은 높아질 수밖에
없다고 한다.

요즘 의학이 발전하면서 치유율이 높아
적절한 건강 유지하면서

조기 진단으로 암을 관리해야 한다.

암세포와 정상 세포들의 대결 같다고 한다.
조기 발견과
앞서가는 의술로 희망을 갖게 되었다.

어른도 운다

오늘따라 세찬 바람이 분다
세상이 시끄럽다

누가 주고 누가 받았는지
언제 끝날 일인지
핸드폰 열어 보기도 겁난다

책을 보아도 눈에 들어오지 않는다
앉아 있어도 아프고 서도 아프다

참을 만큼 참다 마취통증의학과에 갔다
엎드려 시술대에 오른다
가슴이 두근거린다

마취하지 않은 채 가느다란 관이 서서히 들어간다
다리가 터질 듯이 아프다

소리 지르지 말고 참으란다

견딜 수 없는 통증
참아 낸 눈물이 뚝뚝 떨어진다
어른도 운다. 아프니까
입원실 안은 조용하다

커튼 사이로 현란한 불빛이 비친다
통증이 거짓말처럼 사라지는 날을 기다린다

옛 봄이 그리운 날

진달래가 만발한 동산에 올라
소녀들은 깨진 사금파리 주워 밥그릇 국그릇이라며 소꿉놀이에 빠졌다.
솔잎은 반찬이 되고 황토는 밥이 되었다.
소나무 그늘에 차린 밥상 위엔 산딸기도 올라왔다.

부러진 나뭇가지는 젓가락이 되었고
맛나게 먹고 놀다 보면 입가에 흙이 묻어
깔깔 웃다가도 진달래꽃을 따 먹으며

술래잡기도 하고 노랑나비 흰나비 따라 다니며 나풀나풀 춤도 추고

솔방울 주워 누가 멀리 던지나 내기도 해 보았다.

깨소금 쏟아지게 놀던 소꿉놀이 술래잡기가 생각나는
새벽
세찬 바람이 분다.
아 꿈이었네!
밥이나 하라고.

이별

그 애가 보고 싶다
눈물이 나도록
언제 만날까
꿈속에서 만날까
있을 땐 몰랐다

너를 사랑한다고 말할걸
돌아오지 못한다 해도
만날 수 있다는 꿈을
접을 순 없다

멀리 떠난 길
돌아오면 새길이
있건만…

이젠 어찌할 도리가 없어요

눈물을 참으려고
냉수를 마셔요

지난날을 떠올려 보면
위로가 될 때도 있어요.

이 나이에
부러운 것이 있다면
잘 먹고 잠 잘 자고
잘 놀 수 있다는 것…

더 바랄 것 없는 나
이젠
어찌할 도리가 없어요.

장맛비

천둥 번개가 친다.
장맛비에 꽃들이 눈물을 흘린다.

채송화 얼굴엔 이슬이 맺히고
꽃과 나무들은 의지하며
비를 맞는다.

장대비 쏟아지는 날
매미는 날아갔다.

바람도 장맛비도 떠났다.
꽃나무들이 손잡고 일어선다.

파란 호숫가엔 쌍무지개가
둥글게 떴다.

장대비

강풍이 불고
장대비가 쏟아졌다

나무가 쓰러졌다
가지가 잘려 나갔다

시어르신 산소
잔디가 떠내려갔다
가슴이 멍하다
죄송합니다.

떠내려간 잔디
벌거벗은
산소 앞에서
눈물이 났다.

장수도 축복이다

노령 인구는 늘고 출생률은 떨어지고 청장년들은 일자리가 없어 고민을 넘어 포기까지 하는데 한숨만 나온다.

이대로 몇 년이 지나면 젊은이 한 사람이 노인 두 명을 봉양하게 된다니 어쩌나….

오래 살지 말아야 하는데 말이 쉽지 그게 뜻대로 되나.

나도 내일모레면 팔십이 되는데 나를 보고 하는 소리 같다.

더 살려고 6개월간 항암 치료도 열심히 했는데,

욕심을 부린 것 아닌지 뒤돌아보고 이런저런 생각을 하게 되었다.

무거운 병마와 싸우는 나는 자식에게 어려운 짐 지우지 말고 떠나야 한다는 생각엔 변함이 없다.

아직 내 힘으로 일할 수 있고 작은 도움이라도 줄 수 있다면 장수도 축복이다.

세상에 나올 때는 울고 나왔지만 떠날 때는 울지 말고 조용히 가야지 하는데, 말이 쉽지. 될까?

집에 가고 싶다고

하얀 침대에 누워
오만 가지 생각에 하루가 간다

내일 내일 기다리다
세월만 간다

주는 밥 먹고
마음 편하게 쉬라 해도
이건 아니다

하늘 보고 말했다
집에 가고 싶다고

한 번 왔다 가는 인생

오랜 세월 살다 보니 척추관협착증과 천식, 폐렴, 정맥류, 열린 심장판막까지 따라와 나를 괴롭힌다.
간간 이명도 들리고 생각지도 않은 대장암까지…

사는 게 괴롭다. 누가 소리 지르면 가슴이 뛰고 잠이 안 온다.
스트레스받아 찾아온 병이란 말도 있다.
갈 때까지 찾아오는 불청객들 나와 몇 년을 살 수 있는가?
대장암 수술 무섭다가도 그래 아직은 살아 있으니까.
한 번 왔다 가는 인생 길면 어떠하고 짧으면 어떨까?
병원 다니는 게 자랑은 아닌데…
사는 날까지 추한 모습 보이기 싫어 열심히 병원에 다닌다.

장기 기증서도 써서 병원에 내고 싶은데 지병이 많아 받아 줄까 망설여진다.

사람 좋아하고 놀기 좋아하지만 이제는 모든 게 싫어졌다.

자식도 부모도 건강할 때 말이지 병들면 멀어지는 법.

세상살이가 뜻대로 된다면 얼마나 좋을까?

허수아비

들판에 서 있는 허수아비
참새들과 눈 맞춤 인사를 한다

메뚜기와 친구도 되고 맹꽁이도
찾아와 울어 준다

떠가는 구름도 친구가 되어
눈인사를 한다

메뚜기와 놀다 보면 참새들이
찾아와 재잘재잘 하루가 간다

가을비 맞고 서 있는 허수아비
춥지도 않나?

셋. 순리대로 관조

…

눈이 어두워도 귀가 들리지 않아도
무릎이 아파도 백발이 되어도
서러워 말자.

아까운 시간과 머물지 못하는 나이는
순리대로 흘러간다.

가을 소리

가을이 찾아왔다
깊어 가는 가을 소리가 들린다

목청 높여 울어 대는 매미
귀뚜라미 맹꽁이

할 일 다 하고 떠나는
붉은 낙엽…

서늘한 바람이 나뭇가지를
흔들고 구름 따라 지나간다

저녁 해가 광교산을
빨갛게 물들이며 저물어 간다

가지 말리기

가지를 사다가
베란다에 널었다

하늘은 흐리고
먹구름만 끼었다

기다리는 햇볕은
낮잠을 잔다

창문을 열었다
산바람이 들어온다

가지가 마른다.
하얗고 가볍게
마른 가지
채반 위에 가득하다

감나무

빨갛게 붉어 가는 홍시
까치밥으로 내주어야 할 시간이 다가오네

무성했던 곁가지 떨쳐 버리고
홍시로 말랑말랑
노년의 모습과 같다

빨갛게 익어 가는 가을
소쿠리에 한가득

벌레가 생기지 않으며
새가 둥지를 틀지 않는다는 감나무

선조들이 가까이한 감나무에
매달린 홍시를 바라본다

가을날

맑고 따가운 가을날
떠나가는 구름 한 점 없다

꽃씨가 여문다
코스모스도 여물고 맨드라미도 여문다

색색의 단풍들 바람 따라 하늘하늘
굴러간다

찬란했던 날들을 그리며 바람 따라
바스락 바스락 굴러간다

자연으로 돌아가는 단풍
높은 곳에서 낮은 곳으로

가을바람

성큼 다가온 가을
초록이 샛노란 은행잎 되었네
하늘하늘

초록이 빨강 단풍 되었네
한들한들

고추잠자리 빙빙
기분 좋은 가을바람
꽃잎도 낙엽도 보내야 하네

가을비

가을을 재촉하는 비
촉촉이 내리네
아름다운 갈잎들 비에 젖어
차곡차곡 쌓였네
겨울을 재촉하는 가을비
눈으로 바뀔 날
아낙네들 김장김치
날이 저무네
겉절이 한 잎 두 잎
오가는 정 쌓여만 가네

국화 향

가을이 일찍 찾아오려나,
국화 향이 진하다.
할 일 다 했으니 지고 말려나
이슬이 차갑다.

가까이 가
국화 한 송이를
꺾었다.
찜통 여름을 잘 견뎌 온
국화 줄기가 부러졌다

사람은 떠나기 전에
선량해지고
과일은 상하기 전에
달고

매미가 울어 댄다

무슨 사연인가,
할 일 다 했으니 떠나려고 우는지
선량해지려고 우는지

끼리끼리 살아요

질경이는 질경이끼리
민들레는 민들레끼리
쇠비름은 쇠비름끼리

살아요.

질경이는 길에서 살고요
민들레는 양지바른 곳에 살고요
쇠비름은 밭에서 살지요

바람 불면 춤추고
이슬비 맞으며 고개 숙이지요

우리는 끼리끼리 살아요.

노랗게 물든 은행잎

노랗게 물든 은행잎
주워 멀리 뿌렸다

살포시 빨강 단풍잎 위에 앉았다

빨강 단풍잎
노랑 단풍잎
친구 하자며 눈을 맞춘다

바람은 노랗게 물든 은행잎이
좋은가 봐요

낙엽 소리가 좋아요

바스락거리는 낙엽 소리가
좋아 어제도 오늘도 걷는다.

걷다 보면 달님도
별님도 걷는다

밟아도 밟아도 좋은 소리
사각사각
낙엽 소리

내 얼굴

거울을 보고 또 본다
젊어 보일 때도
늙어 보일 때도
나와 함께 늙어 가는
내 얼굴

달팽이

가다 쉬고 오다 쉬고

가다 볼일 보고

오다 볼일 보고

종일 걸어도

거기가 거기

닮아 가네

오래 살다 보니 얼굴도 닮아 가고
음식 맛도 매운맛 단맛 쓴맛 닮아 가네
웃는 모습 잠자는 모습 닮아 가네
빨리 먹는 모습 어지르는 모습 닮아 가네
주름살 하얀 서릿발도 닮아 가네
소꿉친구처럼 닮아 가네

돌

돌을 던지지 말아요.
돌들이 아파요

돌들이 지나는 자리마다
풀들이 죽고 시들어요
비둘기들이 놀래요
돌들이 상처가 나요

웃으며 던진 돌들이
당신을 원망할 거예요

때가 되면

기다리던 금비金雨가 내렸다
우산을 챙긴다

바람이 분다
시원하다고 노래를 부른다

눈이 내렸다
길이 막힌다고 투덜거린다

소나무에 물어봐
덥다고 하나
춥다고 하나

언제 철들래
시간은 가는데

때가 되면 봄도 가을도
찾아오건만

말

듣는 사람 있는 곳에
말 잘하는 사람이 있지

거미줄이 실 나오듯
풀어내야지

자기 말만 하는 사람
상대에게 상처만 안겨 주지

새겨야 할 말
잊어야 할 말

늦기 전에
터득했어야지

바람

바람이 분다
목련을 스친 바람
목련이 힘없이 떨어진다
흔들리는 바람을 바라본다
아쉬움을 삭이면서 떨어진다

배

초가을 너를 찾아 과수원에 갔다
누런 신문지에 꼭 싸인 너
가지마다 주렁주렁 매달려
나를 맞았다

봄부터 가을까지 떨어지지 않고
배꼽이 주는 대로 먹고 자란 너
얼굴은 누렇고
피부는 까칠해도
속은 하얗고 단물이 주르르 흐르니

입에 들어가자 가슴까지 시원해지는 너
즙을 내먹기도 하고 양념에도 김장 속에도
제사상에도…

봄

온 세상이 푸르다
쏙 올라온 연초록 잎들이 잔치를 벌인다

나무들은 바람에 흔들거리고 하얀 꽃잎
떨어뜨린 목련 나무 벚나무도
연초록으로 물들고 하늘은 맑기만 하다

향긋한 꽃 냄새 나비가 날아들고
새들이 노래하는 봄 소리 없이 피었다가
소리 없이 지는 꽃

때를 알고 연초록으로 변하는 자연의 이치

분청사기

오래전 어느 대통령께서
외국 순방 때 가지고 가셨다는
몇 점 안 되는
일본인들이 좋아하는 분청사기

내가 소장한 작품 중 하나
도자기가 좋아 작가 도요지에 잘 다녔지
외국 전시회도 따라가 보았지

매, 난, 국, 죽이 그려진
오랜 세월 나와 함께하는
분청사기

살아 있구나

눈부신 햇살

바람이 불어도
움직이지 않는 나무

천둥이 친다
나뭇가지가 흔들렸다

아 살아 있구나

삶

저녁노을은 붉고 아름답다
바람이 불어도 개나리는 핀다

찬 서리 내려도 귀뚜라미는 운다
달팽이 종일 걸어도 거기가 거기

어제도 내 삶 오늘도 내 삶

순리대로

꽃은 나에게 기쁨을 주고
지는 낙엽은 우리를 슬프게 한다.
마지막 달력은 나이를 더한다.

친구를 만나도 밥만 먹고 헤어진다.
봄, 여름, 가을, 겨울 빨리도 간다.

눈이 어두워도 귀가 들리지 않아도
무릎이 아파도 백발이 되어도
서러워 말자.

아까운 시간과 머물지 못하는 나이는
순리대로 흘러간다.

아카시아 꽃

하얀 아카시아 꽃에 아침 햇살이
눈부십니다.

바람을 타고 오는 아카시아 향이
꿀벌을 기다리는지 나뭇가지가
흔들립니다.

바람에 향기를 보내고
모아 둔 꿀을 벌들에게 나누어
주려나 봐요

주고 또 주고 줄 것이 없으면
하얀 꽃잎은 떨어지지요

떨어진 하얀 꽃잎 바라만
보고 있어도 소녀 시절로 돌아

갑니다

하얀 꽃길 따라가는
내 마음도 하얗게 물들어
갑니다

향기도 꿀도 다 나눠 주고
돌아가는 아카시아 꽃에는
희망이 피어나고 향기가
묻어 있지요

같은 계절에 피어나는 아카시아
벌과 나비에게 향기와 꽃가루를 주고
바람 따라 떠나가는 아카시아 꽃이
눈처럼 날려요

앞만 보고 걸었지

나는 새도
화려한 꽃길도
푸른 바다도
높은 산도 못 보고
앞만 보고 걸었지

이제 돌아보니
새들의 지저귐
꽃들의 향연
바다의 속삭임
산울림 소리도 가까이 있었지

앞만 보고 달려온 길
아름다운 길

염색

귀찮게 나오는 흰머리
내버려 두기는 좀 어렵고 염색하기는 번거롭고,
백발이면 어떠냐?
참자 마음먹다가도 어느새 변해
오늘도 친구가 알려 준 대로 달걀 한 개 뚝딱 깨트려
듬성듬성 빠진 머리 한 가닥씩 조심스럽게 빗질해야
덜 빠질 것 같아.
거울 쳐다보는 당신 얼굴 내 얼굴
주름살도 빗살처럼 줄기줄기 드러나고
늙는다는 것 막을 수 없는 일.
마음만은 젊어지려고 염색하는 내 모습 보며 씨~익 웃어 본다.
백발보다는 검은 머리가 어울리나 봐 참아 볼까 하다가도 또 하는 버릇.
언제나 고칠까?
나이 들면 검은 머리 다시 나온다니 기다려 볼까?

옛 추억

흘러간 시간들
밀려오는 흔적 위에
옛 추억 살아나고
떠난 세월 그리워하며
지난 기억들 바람에 날리고
아름다운 꽃잎 되어
추억을 노래하네

은행나무

가을 햇살에 노랗게 물들어 가는
은행나무

안개가 걷히고 나니 눈이 부시다
길게 늘어선 은행나무

가을 아침은 환합니다
지나가는 가을바람에 은행잎이
반짝입니다

노랗게 물들어 가는 단풍잎
내 마음도 노랗게 물들어 갑니다

잠

해는 짧아지고
나무들 나이테는 늘어 가고
붉게 물든 가을 산
서리는 내리고
떨어진 이파리들
잠자리에 들었다
지난밤 싸락눈이 내리고
떨어진 낙엽은 잠들었다

전철 안

승객들은 스마트폰을 보고
열 손가락은 쉴 새 없이 움직인다

예수 믿으셔야 천국 갑니다

흘러간 노래 시중보다 싸요
2장에 만 원

카세트를 틀어 놓고…
카트를 밀고

듣거나 말거나 전철은 달린다.
그것이 필요하니까

지렁이

길을 걷다
지렁이를 보고 걸음을
멈추었다

따가운 햇볕을 받아
눈이 부신다
길을 헤맨다

돌아봐도 그 자리
가도 가도 그 자리

보도블록 사이로
들어가야 하나
말아야 하나

갈 길이 멀구나

누군가 그랬지

지렁이는 땅속으로

보내야 산다고…

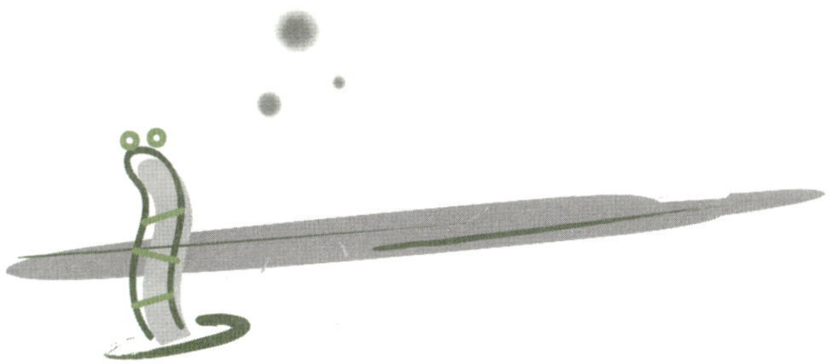

참새와 비둘기

이른 아침 참새 떼와 비둘기가
날아와 눈 깜짝할 사이
떨어진 과자 부스러기를
다 먹어 버렸다

먹어도 먹어도 날씬한 참새
두리번거리는 비둘기

참새도 비둘기도 나무 위에 앉았다
짹 짹 짹, 구구 구구 구구,
맛있다고…

새들이 날아간 자리
그들의 온기가 남아 있다

추억

장롱 깊은 곳에
넣어 둔 혼서지婚書紙*
옛날 모시이불

50년 전 빛바랜
흑백 사진
고이 간직한
엄마 아빠 사진

몸이 아플 때마다
저 보물들을 어쩌나
나의 추억이지
자식들의 추억은
아닌데

오늘이 가면

내일은 어쩌나

내 마음 한구석에

자리 잡은 나만의 추억

* 혼서지婚書紙 : 혼서를 쓰는 종이. 신랑집에서 예물과 함께 신부집에 보낸다.

크는 재미

오십 년 쌓인 세월 뭘 했나
아들, 딸, 딸, 키운 세월
재미 재미 무슨 재미
아들, 딸, 딸, 크는 재미
재미 재미 무슨 재미
손자, 손자, 크는 재미
재미 재미 무슨 재미
손자, 손녀, 크는 재미

태풍 솔릭*

소나무 가지가 떨어졌다
지난밤 솔릭 때문일까?

누런 고양이 한 마리가
떨어진 나뭇가지에 앉았다

발을 굴러도 고양이는
떠나지 않고 앉아 있다

고양이 눈이 슬퍼 보였다.
아침마다 만나는 누런 고양이

내 얼굴을 아는지…
꿈쩍 않는다

큰 피해 안 주고 조용히 떠난 '솔릭',
고맙다.

* 솔릭 : 2018년 발생한 제19호 태풍. 미크로네시아에서 제출한 이름으로 '전설의 족장'을 칭한다.

흰머리

친구 머리 내 머리
흰 눈이 내리네,
흰 눈이 내리네,
염색도 마다하고
흰 눈이 내리네,
흰 눈아! 흰 눈아!
친구도 나도 염색할 거야.
어느 때가 되면
염색도 못 하고
그대로
그대로 살겠지

넷. 개나리꽃

희망

…

노랗게 피어나는 개나리
혹한을 이기고
찾아온 너
온 힘을 다해
피어난 너
차례를 기다려
달려온 너
새봄의 메시지 울리며
달려온 너

가을

나뭇잎은 울긋불긋
물들어 가고

가을의 들녘은
황금물결 이루고

주렁주렁 매달린
과일은 향긋한 미소로
인사하고

고추잠자리는
훨훨 날아가고

가을은 춥지 않아 좋다.
덥지 않아 좋다.

가을 산

불타는 가을 산
단풍이 춤을 추는 가을 산

실개울 피라미도
춤을 추는 가을 산

바람도 쉬어 가는 가을 산
구름도 쉬어 가는 가을 산

오색찬란한 가을 산
기꺼이 깊어 가니
아름다운 가을 산

개나리꽃

노랗게 피어나는 개나리
혹한을 이기고
찾아온 너
온 힘을 다해
피어난 너
차례를 기다려
달려온 너
새봄의 메시지 울리며
달려온 너

걸어요

눈 뜨면 걸어요.

초승달도 보여요

까치도 날아와요

힘들면 의자에 앉아

하늘을 보아요.

친구가 나오면 반가워요

걷다 보면 해가 떠요

군자란蘭

1월에 붉게 피었던 군자란
3월도 7월에도 피었네.

신기하네
아침마다 먹은 생수가 좋았나 봐
혼자 보기 아까워
친구에게 사진 찍어 보냈지
대답이 없네.

괜찮아 내가 너를 사랑하니까
장마가 걷히고 나니
천리향까지 피었네.

식물도 사랑하면 여러 번 꽃을 피우나 봐
사랑이 최고야

나란히 나란히

즐거운 하루가 시작된다.
어제는 흐리고 비가 왔지만
오늘은 맑은 하루가 시작된다.

당신과 나 나란히
밥 먹고 있으니

내일도 나란히
밥 먹고

모레도 나란히
밥 먹고
나란히 나란히…

나의 놀이터

아지랑이 아롱대는 봄날
노란 개나리꽃이 나를 부른다.

달래 냉이 꽃다지 나를 부른다.
나물 캐자고

들판에서 놀다 보면
개구리 맹꽁이도 나를 부른다.
친구 하자고

들판은
꿈과 희망을 안겨 준
유년 시절 나의 놀이터

나가자 아지랑이 아롱대는
들판으로 수필을 찾아
건강을 찾아

꽃 가꾸는 마음

세월은 흐르고.

나이는 쌓이고.

수필은 써야 하고…

꽃을 가꾸는 마음으로

수필을 쓴다.

기다릴 때 찾아오는

반가운 손님. 수필은,

뭔가를 들려주고

싶은 마음의 창고. 수필은,

빈 마음을

채울 수 있는 햇살,

수필은.

다시 태어나면

다시 태어나면
다정하고 아름다운 미소를 지으며
그대들을 가르치고 싶다

다시 태어나면
좀 더 사랑하고
좀 더 안아 주고 싶다

사랑한다고,

단풍놀이

친구들과 단풍놀이 간다
여의도 크기의 4배나 되는 목장으로
트랙터 마차를 타고 정상에 올랐다.

구름 한 점 없는 하늘 아래
붉은 단풍이 곱게 물들었다.

어미 소와 송아지도
단풍놀이 나왔다
어미 소, 꼬리 흔드니
파리가 날아갔다.

어미 소 닮아 가는 송아지
꼬리도 흔들고 되새김질도 잘한다.

풀 한 포기 돌 하나도

자연 그대로
보존되어 있는 목장
온종일 수다 떨고 노는 게
이렇게 좋을 줄이야

설거지도 안 하고
청소도 안 하고
오늘은 내가 공주다.

떨어진 목련꽃

4월의 마지막 비가 내린다
시간이 흐를수록 더 큰 비가 내린다
늦둥이 목련이 비바람에 힘없이 떨어진다
꼬마 회양목 위에 살며시 떨어진다
미안해 미안해 살포시 떨어진다
회양목은 쉬어 가라고 소곤거린다
어린 소년이 목련을 집어 본다
목련꽃을 제기인 양 발로 차 본다
목련꽃 갈래갈래 흩어지며
소년의 손을 잡는다
다시 제기차기하자고

돌 하나

운동장 구석에 버려진
둥글둥글한 돌 하나

스스로 움직이지도
못한 채 뜨거운 햇볕을
견디며 이리저리
뒹굴뒹굴 돌던 돌 하나

어느 날 아이들 텃밭으로
굴러와 상추 토마토 아욱
감자와 소곤거린다

와! 토마토가 세 개 달렸네
아욱도 자랐네

이리저리 돌던 돌 하나
자리 잡았네.

막내딸

막내딸 친정집에 온다고 시장 다녀온 아버지
식탁 위에 주섬주섬 올려놓는 검은 봉지들
이게 다 뭐예요?

굴. 꽃게. 조갯살. 미나리. 콩나물. 쑥갓.
엄마가 좋아하는 인절미 약식

불편한 엄마 위해 팔 걷어붙이고
일하는 막내딸 앞에 고춧가루 마늘도 퍼 주어야지

막내딸 요리 솜씨 식탁이 풍성하다
찬바람 맞으며 시장 다녀온 아버지 입가에 웃음이 가득
하다

메추리알

끓어오르는 물속에서 메추리알이
하얀 거품을 머금고
터질 듯 껍데기를 지킨다

꼬마들 영양을 위한 엄마 마음
어제도 오늘도 엄마는
메추리알을 삶는다

까는 수고를 덜기 위해
물속에서 흔들어 본다

하얀 속살을 드러낸
작은 알 하나
우리 아이 영양 간식

배꼽

아가야 울지 마라
배꼽 떨어진다

울다가도
배꼽 떨어졌나
만져 보았지

어른들은 거짓말쟁이야
울어도 배꼽은 안 떨어졌어

볼록 나왔던 배꼽이
쏙 들어갔네

밥

내가 지은 밥
밥그릇에 담았다

구수한 냄새가 솔솔
배가 불러 온다

콩나물국과 밥이
어울려 입맞춤을 하네
밥이 맛있다고

벚꽃

활짝 핀 벚꽃이 나를 부른다.
바람이 불기 전에 놀자고
꽃잎이 지기 전에 놀자고
단단히 약속했건만
심술궂은 바람이 불어
다 떨어졌다
벚꽃은 내년에 만나자며
웃었다

베란다 항아리

따뜻한 햇볕 아래 창문을 열고
항아리 뚜껑을 연다

할머니 손맛 보여 주려고
항아리 뚜껑을 연다

처음 담아 본 된장 항아리
손녀딸이 지어 준 이름
할머니 표 된장

맛있는 된장
이 집 저 집
나누어 주니 재미가 난다

내년 봄 많이 담아
이 집 저 집
나누어 먹어야겠다

벤치에 앉아

바람도 머무는 벤치에 앉아
하늘을 본다

구름은 둥실둥실
봄 햇살에 말을 걸며
오라고 손짓한다

따뜻한 온기
새들의 지저귐

햇살은 햇살은
맑게 빛난다

봄은 축복의 계절

꽃샘추위 지나가고
봄기운이 찾아왔네요

개나리 활짝 핀
동산엔
노랑 고양이들이
낮잠을 자고요

봄 냄새 전해주는
냉이 미나리 쑥
친구 같은 봄나물들
입안 가득하고요

봄은 축복의 계절이래요

봄이다

봄 향기에 취해
가슴이 뛴다

목련이 피고
벚꽃이 피면

봄날과 함께
노란 잠바를 입고
부소산성에 오르리라

벚꽃 휘날리는 거리에서
너와 함께 춤을 추리라

새아침

약속이나 한 듯 새벽 네 시
잠에서 깨어난다

일찍 배달된 신문
봄은 왔건만 춥기만 하다

하얗게 떠오른 달을 보며
집을 나선다
걷다 보면 쏜살같이 달아나는
고양이 울음소리에 놀라기도 하고
발을 구르기도 한다

코끝이 찡한 바람과 공기
햇살 좋은 아침 화사한
동백꽃이 발길을 멈추게 한다

손자들

높고 푸른 산이 보이느냐 손자들아!
그곳에 대망의 꿈을 그려 보렴
푸른 산에 푸른 꿈을

손자들아 푸른 하늘이 보이느냐!
그곳에 너희들의 꿈을 그려 보렴
손자들아 푸른 산 푸른 바다에
너희들 꿈이 있단다

높은 산처럼 푸른 하늘처럼
그곳에 너희들 꿈이 있단다
높은 산 푸른 바다처럼

시는 써야 해

예부터 호랑이는 죽어 가죽을 남기고
사람은 죽어 이름을 남긴다 했다.

희수를 맞이한 나는
'시' 바다에 들었다.

한 편의 시를 쓰는 일이
쉬운 일은 아니다.
하면서도 펜을 잡는다.

시는 기다릴 때
찾아오는 귀한 손님
시는 아침 햇살
이 생각 저 생각
시를 찾아 헤맨다.

아지랑이

봄을 재촉하는 단비가 내리더니
하늘빛도 달라지고 바람도 부드러워졌다

파릇파릇 새싹이 돋아 푸른빛 물드는 산과 들
새순이 돋아나고 예쁜 꽃들이 피는 봄

지평선 위로 모락모락 피어오르는
아지랑이가 보이질 않는다

동산이 없어지고 아파트가 막아서 보이질 않는가?
언덕이 사라져 보이질 않는가?

이름도 아름다운 아지랑이 찾으러
봄이 오는 들판으로 나가자

알밤 삼 형제

알밤 삼 형제
한집에서 자랐지

큰형은 둘째를 사랑하고
셋째도 둘째를 사랑했지

둘째는 형 아우를
좋아했지

알밤 삼 형제
갈색 옷 차려입고
가을 나들이 나왔네

암 2

암 발생은 60대 중반부터
급속히 증가한다

과속 증후군의 결과란다

어느 날 갑자기 찾아온 암
진단을 받는 순간
올 게 왔구나

나는 왜 앞만 보고 달려왔을까?

세포가 비정상적으로 성장한 것이
암세포란다

질병의 징조를
느끼는 순간

쉬어 가야 한다

이제 지나온 삶을
되돌아보라는
쉼표로 받아들이며
앞만 보고 걷는다

내 마음 가득
나는 씩씩하다고
소리치며

어린 제자들이 어른 되어

귀엽고 사랑스런 어린이
자그만 몸매 볼그레한 얼굴
빛나던 눈망울들
고사리 같은 손
떠들어 대던 어린이들이
나와 함께 늙어 간다
놀기만 좋아하던 아이들이
환갑 되어 스승의 날 잔치를
매년 해 주니
감사한 일이다

오솔길

오르고 내리는
그 오솔길이 좋다

걷다 보면
비둘기도 만나요

개미도 만나요
걸음을 멈추지요

깍깍 까치가 왔어요,
놀자고 해요

바람이 불어요,
친구 하자고 해요

오르고 내리는

그 오솔길이 참 좋다.

어제도 오늘도

친구와 걸었지

웃어야지

오늘이 소중하고
너와 내가 만난
인연이 소중하다.

행복과 불행은 순간순간
지나가는 바람
눈 뜨고 숨 쉬면 행복

웃고 울다 가는 삶
웃어야지

웃는 아이

엉금엉금 기는 아이
안아 달라고 두 팔 벌리는 아이
모두가 귀엽다

돌이가 심술부리다 웃었다
인형놀이 할 때도 웃었다
노래 부르면서도 웃었다

선생님과 놀 때도 웃었다
엄마와 놀 때도 웃었다

금붕어도 웃었다
나비도 웃었다

장 담그기

좋은 메주 골라 장 담갔네,
장 담그기 좋은 날도 모르고
장 담갔네.

처음 담아 본 된장이라
맛있는 장이 나올까 걱정이라네.

햇볕이 보약이라는데
아파트에서 장맛이 날까?
아침에 열고 저녁엔 덮고
들여다보고 냄새도 맡아 보고

사십여 일을 숙성시키며
어떤 장이 될까?
무슨 맛이 날까?

곰곰 생각했지

손자들 먹일 생각에
맛있는 장이 나왔으면…

노란 된장과 가무레한 간장
내년에는 말, 범, 소 등
털 달린 짐승 날 담그는 것이 좋다고
좋은 날 담가야겠다.

장날

구부러진 허리
좌판 깔고
거칠어진 손으로
봄나물 손질하는 할머니
앞에 선다
취나물 천 원어치 주시며
다시 오란다
무공해 나물이란다
골목마다 순대, 순댓국
노인들 발길 멈추고
뻥튀기 앞에는 아이들 줄 서고
갖가지 구경에 배가 부르며
부자가 된다

지동시장

유명한 순댓집 아주머니 손길이 바쁘고
할머니 할아버지 순댓국, 신 김치, 깍두기 배불러 오는 곳
모락모락 김 오르는 떡집 앞
맛있는 절편이요, 약식이요, 군침 돌게 하는 곳
떡 잡수세요, 인심 좋은 떡집 아주머니
시어머니 좋아하시던 게 간장 눈길을 끈다
남해에서 올라왔다는 대파도 싱싱해 보이며
노랗게 올라온 작은 콩나물시루
비닐봉지에 담았다. 이천 원이란다.
사람 냄새 풍기는 지동 시장
오가는 아주머니 발길 바쁘고
길게 늘어선 시장 구경 끝이 없다
편안한 바지도 사고
대파도 한 자루 사고
콩나물도 사고
저녁에 대파 넣고

시원한 콩나물국 해 먹어야겠다

할머니 아주머니 좋아하는 것들 다 모였네.

친구

우리는 강산이 일곱 번도 더 변해 온
세월을 살았지
잊을 수 없는 길을 걸으면서
때로는 고마워서 못 잊고
서러워서 못 잊고
죽어도 못 잊을 것 같은 그 세월
고마움만 기억하고
하늘이 무너졌어도 살아야 하네.
정신 차려 살아야 하네.

카톡에 도배했어요

70~80대는 가을이고 낙엽이래요
건강도 청장년 못지않고

이제는 자유롭고 나 자신을 찾을 수 있대요
마음 통하는 사람끼리 재미를 느끼는
낭만파이고 싶대요

물은 흐르기 싫어도 흘러가야 하고
아픔이 있어도 알려야 하고

아픔만큼 삶은 길어지고
삶의 깊이는 이렇듯
아프고 고통이 따를지라도
이겨 내는 것이 우리들의
행복을 위한 삶일 겁니다

체중도 줄이고 생각도 줄이고

살림도 줄이고 걱정도 줄이고
자녀들에게 바라는 것도 줄이고
흐르는 물이 고이면 썩어 간다고

움직임 없이 정지되면
마음에 잡초가 자란다고

함박눈

창밖에 눈이 날린다
살짝 내려앉은 눈은
녹아 흔적도 없이 사라져도
하늘에 허연 눈이 날린다

다시 창밖을 보니
온 세상에 눈이 내렸다
아파트에서 내려다본 풍경이
한 폭의 그림을 보는 것 같다
하얗게 내린 눈이 아름답다

눈이 소복이 쌓인 공원 벤치
미끄럼 타느라 야단인 아이들

아이들의 웃음소리가 함빡
소복이 쌓인 눈이 함빡

햇살

임진년 새해 햇살이 밝았다
창가에 살짝 들어온 햇살
보석보다 빛나는 햇살
화초들이 반기는 햇살

새아침 희망의 햇살
햇살은 잠시 쉬더니
친구가 기다리는 곳으로
희망의 노래를 부르며
떠난다.
새아침 햇살은 빛난다.

호수공원

호수공원 숲길은 향긋합니다
새들의 노랫소리로 가득합니다

나뭇가지마다 은구슬이 매달려 있습니다
해바라기 꽃이 출렁입니다
해당화 꽃향기와 새벽달이
나를 반겨 줍니다

어제도 가고
오늘도 해당화 보러 갑니다
해바라기도 오라고 손짓합니다

호수공원 가는 길은 가볍습니다
시원한 바람이 마음의 문을 엽니다
오늘 새벽 물안개 피어오르는 것도 보았습니다

시원한 바람이 마음의 문을 엽니다
오늘도 만 보 걸었습니다

축하의 글

오랜 세월이 흘러 오래된 흑백 사진처럼 희미한 유년 시절, 내 어린 날의 은사 최민자 선생님!

충남 서산군 운산면 신창리는 내가 다니던 초등학교가 있던 동네였다. 먹을 것이 없던 시절, 지금 계산해 보니 약 6 킬로 시오리 길을 허기진 배를 움켜쥐고 학교에 다녔다.

유난히 만화책을 좋아했던 꿈 많던 시절, 학교에는 젊고 발랄한 소녀 선생님이 계셨는데 동화 속 백설 공주처럼 때론 인어 공주처럼 내 마음속을 다 차지했었다.

그랬었다.
세월은 흘러갔지만, 선생님은 나의 우상이었고 배우자의 조건으로 평생 가슴에 각인되어 살아오다 자그마하지만 우아한 모습으로 지금도 늘 마음속에 함께 계신다.

선생님을 여러 번 친구들과 만나 모시면서, 나는 부끄러워 한 번도 이런 고백을 못 드렸다.

평생 천진난만한 아이들과 함께하시고 퇴직 후에는 시인으로 수필가로 또 다른 세계에서 후학들을 위해 헌신하시는 선생님이 존경스럽다.

올봄 돌아오는 스승의 날엔 고향 친구들과 함께 선생님을 모시고 즐거운 시간을 가져야겠다.

선생님의 시집 발간을 축하드리며

청사관에서 제자 청사 류남수

_시인, 칼럼니스트

치열한 삶과 체념의 미학

신 협 시인, 충남대 명예교수

1

최민자 시인(1941년, 충남 공주 출생, 2013년 『백수문학』 69호 등단)은 시집을 출간하기 위하여 그 해설을 필자에게 의뢰하였다. 최 시인은 훌륭한 가문에서 태어나 수재들이 다니는 공주사범학교(현재는 공주교육대학)를 졸업한 후 초등학교 교사 38년을 근무하고 서울 송파초등학교 근무 중 명예퇴직을 하였으며 문학을 제2인생의 목표로 치열하게 매진하며 생애를 성공적으로 살아온 시인이자 수필가(계간 『자유문학』(2013) 수필 등단)이다. 그는(필명: 최정안) 『새가 안겨준 선물』(소소리, 2016) 이라는 수필집을 필자에게 전해 준 지 2년이 지났다.

그의 시는 청정한 이미지와 순박하고 아름다운 서정의 세계를 이루고 있다. 시인의 고향 공주는 옛날부터 백제의 고도로서 우아하고 아담한 전원도시로 비단강으로도 부르는 금강이 굽이굽이 돌아 감싸 안은 고도이다. 따라서 그곳

인심 또한 넉넉하여 예의 바르고 공손한 인간미가 그의 시와 수필에 넘쳐나고 있다.

시는 언어예술이다. 음악이 소리(音)의 예술이고 미술이 색채의 예술인 데 비해 시가 말 즉 언어예술인 까닭에 언어를 잘 다루는 장인이 시인이다. 다시 말하면 자연이나 사물의 아름다움을 표현할 때 색채 · 선 · 면 · 공간적으로 표현한 예술이 미술이라면, 소리 즉 음의 장단 · 고저 · 멜로디 · 하모니에 의한 표현이 음악이요, 소리가 아닌 몸의 율동으로 표현한 예술이 무용이라면, 언어로 표현한 것이 문학이요 시이다.

언어는 인간만이 가지고 있다고 한다. 인간은 언어로 사유하고 언어를 사용하여 문화를 창조함으로써 만물의 영장이 되었다. 언어가 없었다면 문화 창조도 없었을 것이다. 그러므로 문화 창조의 근본은 언어에 있다고 할 수 있다. 언어가 문화 창조의 근본인 것처럼 시는 모든 예술의 근본이다.

최민자의 시에는 충청인의 정서가 잘 표현되어 있다. 최 시인은 한국의 중심부에 위치한 충청도인의 예의 바른 말과 행동이 몸에 배어 흘러넘치는 듯하며 그의 시작품에서는 다른 지방의 방언을 찾아볼 수가 없다. 따라서 거친 표현이나 사투리를 쓰지 않는다. 다만 특징이나 개성이 뚜렷한 다른 시인에 비하여 온건하고 마음씨 곱고 인간미 넘치는 휴머니즘의 시인으로 볼 수 있지 않을까 한다.

2

오늘날 시가 난해한 경향으로 가고 있고 산문시가 많이 나타나서 우려하는 목소리가 평단에서 나오고 있다. 최민자의 시는 이러한 경향과는 거리가 멀다고 하겠다. 필자는 난해한 시보다는 쉬운 시를 좋은 시라고 주장하여 왔으며, 시의 독자가 줄고 마침내 현대시가 독자로부터 외면당하는 원인도 난해하기 때문이라고 보고 있기 때문에 좋은 시는 〈쉽고도 어려운 시〉 즉 표현은 쉬우나 뜻이 깊은 시라고 말해 왔다. 최민자의 시에서 우선 쉬운 시를 살펴보자.

고향집에 와서
마루에 앉았다.

어머니 아버지 앉았던
그 마루에…

아버지 어머니 숨소리가 들리는 듯
아버지 문패도
할아버지 문패도

밤나무 향나무 은행나무도

아궁이 무쇠 솥만

덩그러니 걸려 있고

돌절구 옛 임을 기다리네.

–「고향집」 전문

최민자 시인은 충남 공주군(지금은 공주시)에서 출생하여 공주사범학교를 졸업하고 38년간 교직에서 헌신했다. 그녀는 성실하고 모범적인 교사로서 국민훈장목련장(대통령 1998년), 교육부장관 표창(1997년), 서울특별시장 표창(1991년), 충남교육감 표창, 한국교원단체연합회장 연공상, 서울시 교육단체연합회장 교육공로 표창, 한국교원단체연합회장 연공상, 서울시 교육단체연합회장 교육공로 표창, 서울시 교원단체연합회장 연공상(1996년)을 비롯하여 기타 상훈 등 많은 상을 받았다. 정년 후에는 건강을 돌보아야 할 때에도 오히려 문학에 열정을 쏟았던 탓인지 급기야는 병을 얻어 병원을 찾아다니기에 이르지 않았나 생각된다.

노랗게 피어나는 개나리

혹한을 이기고

찾아온 너

온 힘을 다해

피어난 너

차례를 기다려

달려온 너

새봄의 메시지 울리며

달려온 너

－「개나리꽃」 전문

이 시에서 개나리는 누구일까? 바로 시인 자신을 말하는 것은 아닌지. 지금까지 앞만 바라보고 열심히 살아온 자신이 암이라는 의사의 말을 들었을 때 얼마나 절망적인 아픔이었을까. 필자는 그의 시를 읽으면서 오래도록 이 글을 쓰지 못하였다.

호수공원 숲길은 향긋합니다

새들의 노랫소리로 가득합니다

나뭇가지마다 은구슬이 매달려 있습니다

해바라기 꽃이 출렁입니다

해당화 꽃향기와 새벽달이

나를 반겨 줍니다

어제도 가고

오늘도 해당화 보러 갑니다

해바라기도 오라고 손짓합니다

호수공원 가는 길은 가볍습니다

시원한 바람이 마음의 문을 엽니다

오늘 새벽 물안개 피어오르는 것도 보았습니다

시원한 바람이 마음의 문을 엽니다

오늘도 만 보 걸었습니다

–「호수 공원」(2015. 9. 6) 전문

호수공원을 거니는 산책 나온 시인은 평화롭고 행복하다. 어떤 불행도 없이 아름답고 즐겁다. 자연과 인생이 하나로 일체가 되어 열락을 만끽하고 있다. 시작품「호수 공원」을 쓴 이후에 건강이 매우 나빠진 것처럼 보인다.

3

병원을 다니면서 얼마나 고통스러웠을까? 그러나 시인은 오히려 걱정해 주는 주변 사람을 더 생각하면서 의연한 모습을 보여 주어 주변 사람을 숙연하게 만든다. 부처님의 말씀처럼 태어난 모든 존재는 누구나 죽는다는 사실을 모르지 않겠지만 내 일로 받아들이기는 어려운 것이 인생 아니겠는가.

암 발생은 60대 중반부터
급속히 증가한다

과속 증후군의 결과란다

어느 날 갑자기 찾아온 암
진단을 받는 순간
올 게 왔구나

나는 왜 앞만 보고 달려왔을까?

세포가 비정상적으로 성장한 것이
암 세포란다

질병의 징조를
느끼는 순간
쉬어 가야 한다

이제 지나온 삶을

되돌아보는

쉼표로 받아들이며

앞만 보고 걷는다

내 마음 가득

나는 씩씩하다고

소리치며

-「암 2」 전문

옛날에는 절망적인 병이었는데 요즈음에는 초기에만 발견하면 잘 치료되기에 크게 염려하지 않아도 되지만, 어쨌든 치료 과정을 고통으로 보더라도 인생 후반에 지나친 문학의 열정을 후회하지 않을 수 없었을 것이다. 그러나 최 시인은 생의 달관한 모습으로 시에 나타났다. 죽음이라는 문제에 초연한 모습을 보여 준다는 것은 쉽지 않은 자세라고 할 수 있다.

손톱 발톱이 번갈아 가며

갈라진다.

따비 밭 고단하던

울 엄마 손 쟁기도 아닌데

갈라지고 색깔도 변하는 것이

암이란 놈이

무섭긴 한가 보다

어릴 적 손, 발톱 깎아 주시던

어머니가 보시면 소스라칠 일인데

비워도 모자랄 내가

우리 애들 볼세라

자꾸 주먹을 쥔다.

–「손톱」 전문

손톱이 갈라지는 아픔을 참으면서도 슬픔을 자식에게는 보이지 않으려는 심정이 모정으로 전해진다. 이러한 시를 통하여 독자는 최 시인의 휴머니즘을 공감할 수 있을 것이다.

4

문학은 체험이다. 릴케의 말을 빌릴 것도 없이 문학이 체험의 소산이 아닐 때 공소하게 느껴지기 때문에 머리로 쓰인 글은 어딘지 가슴으로 쓴 시보다 감동을 덜 느끼게 된다. 따라서 문학은 체험을 강조하게 되는 것이다.

떠나기 전 한마디 남기고 싶다.
오늘도 책상에 앉았다

누군가 단풍의 절정은 짧고
낙엽의 낙하는 길다고 했다

내 삶은 짧지만
소중한 순간들이었으면 한다

나이 들면
신체의 모든 장기들이 고장 나기 마련
어쩔 수 없다고 한다

암이란 한마디
슬프고, 괴롭고, 아프다.

고사목 같은 삶에도

아직 할 일이 있어 다행이다

부르면 가야지.

-「부르면 가야지」 전문

필자는 원고를 받은 뒤 작품을 읽으면서 5년 전 등단 직후 만났을 때 즐거워하던 모습과 건강한 목소리를 생각하면서 매우 고심하였다. 건강이 걱정되기 때문 이었다. 그러던 중 며칠 전 백수문학회 총회 자리에서 거의 완쾌된 모습을 보고 가슴을 쓸어내렸다. 병은 웃음과 절제된 생활로 떨쳐 버릴 수 있다는 마음으로 건강을 기원을 하고 싶기 때문이다. 「부르면 가야지」 하는 삶의 태도가 곧 치유이라고 믿기 때문이다.

새벽잠 설치며

찾아가는 곳

빙빙 돌아가는 회전문

들고 날 때마다

긴장의 연속

천당과 지옥의 그림자

어른거리는 응급실

중환자실 서성이는

시간의 연속

견디고 견디며 살아가는 삶

기다림의 연속

슬픈 마음 달래며 씩씩하게

살아가는 삶

-「기다림」 전문

병원에서의 기다림은 얼마나 초조할까. 경험 없는 사람은 사정을 모른다. 가슴이 조이는 듯한 안타까움이 아니었을까? 시는 체험이다. 문학의 감동은 체험적인 글이어야 한다. 이보다 더 절실한 체험이 있는가. 체험이 없는 글쓰기는 언어유희에 떨어질 뿐 감동을 주지 못한다. 그렇다고 시를 쓰기 위해서 일부러 체험할 수는 없는 일이다.

5

시가 난해한 이유에는 여러 가지가 있겠지만 체험이 없

기 때문에 언어유희에 빠져 공소한 이론을 앞세우는 것은 독자를 잃는 행위에 다름 아니다. 나는 최민자 시인의 시처럼 쉽게 표현하면서도 감동을 주는 시가 좋은 시라고 말하고 싶다. 물론 시사에서 보면 상징주의시도 있고 초현실주의시도 있고 무의미시도 있지만 감동을 척도로 하면 〈쉽고도 어려운 시〉가 좋은 시라고 하고 싶다.

앞뜰엔 작약 새싹들이 자라고
뒷동산 감나무 밤나무 은행나무 동산 이루고
곳곳에 목련꽃 활짝 피는 곳

어머니 발자국 소리 들리네.
어머니 보고파지면 거울을 보네
어머니 닮아 가는 내 모습

어머니 생각과
아름다운 기억들을 꺼내 보며
시월엔 고사떡
가을엔 쫄깃쫄깃 인절미
여름엔 호박감자 수제비 뚝딱
설날 길게 늘어선 세배 손님들
우리 집은 잔칫집

사랑채 손님 떨어질 날 없던 우리 집

닭장엔 꼬꼬댁 암탉 울고

빨갛게 익어 가는 홍시 소쿠리에 가득

뒷마당엔 알밤이 알알이 익어 갔네

-「그리움」 전문

그리움은 인간의 생래적인 감정인 것 같다. 더구나 어머니에 대한 그리움은 모든 인간에게 공통된 감정이다. 따라서 이러한 원초적인 감정은 인류 통성이기 때문에 동서양을 막론하고 또 남녀노소를 막론하고 두루 통하는 성정이다. 저절로 흘러넘치는 감정이니 막을 수도 없는 것이다.

그리움은 과거 체험으로부터 찾아온다. 시각 체험에서 오고 미각 체험이나 청각 체험, 또 촉각 체험에서 올 수도 있겠다. 최 시인은 어머니에 대한 그리움을 못내 아쉬워하고 있다.

꽃은 나에게 기쁨을 주고

지는 낙엽은 우리를 슬프게 한다.

마지막 달력은 나이를 더한다.

친구를 만나도 밥만 먹고 헤어진다.

봄, 여름, 가을, 겨울 빨리도 간다.

눈이 어두워도 귀가 들리지 않아도

무릎이 아파도 백발이 되어도

서러워 말자.

아까운 시간과 머물지 못하는 나이는

순리대로 흘러간다.

–「순리대로」 전문

최 시인은 이제 팔순을 바라본다. 인생을 굽어보고 있는 듯하다. 지금은 생명공학이 발달하고 세상이 좋아졌는지 백수시대가 되어서인지 팔십 이전은 노인으로 생각하지 않는다. 어쨌든 최 시인은 순리대로 살기를 원한다. 모든 것을 긍정하며 자연에 따라 순리대로 살아갈 것이다.